La mariposa monarca Libro para colorear

Mary Ellen Ryall

Ilustraciones de Mora Christine McCusker

Traducción de Peter Ducós y Joana Dos Santos

Butterfly Woman Publishing
133 Lawrence Street, #54E, Saratoga Springs, NY 12866 EUA / www.butterflywomanpublishing.com
Foto de portada Cindy Dyer, Dyer Design / www.cindydyerphotography.com / www.cindydyer.wordpress.com

*Nota Editorial: Los hechos en que se escribe el texto se basan en la pasión de un científico para preservar el hábitat a
lo largo de la migración de la mariposa monarca. Si bien se han realizado todos los esfuerzos posibles para asegurar la precisión,
el editor no asume ninguna responsabilidad por daños causados por inexactitudes en los hechos, y no ofrece ninguna
garantía sobre la precisión de la información contenida en el presente documento. Este libro ha sido posible en parte gracias
a una beca de Community Health Network Area 9 (CHNA9) of North Central Massachusetts.*

El Algodoncillio

Hay muchos tipos de plantas de algo-doncillo para las mariposas monarcas. El tipo de algodoncillo en este libro de colorear es el algodoncillo común. ¿Puedes adivinar por qué?

Es porque el algodoncillo crece en casi todas partes y a menudo es considerado una flor común en los Estados Unidos de América.

Los huevos de las mariposas monarcas en las plantas del algodoncillo común

El algodoncillo es la única planta sobre la cual la mariposa monarca madre pone sus huevos. ¿Puedes encontrar los tres huevos?

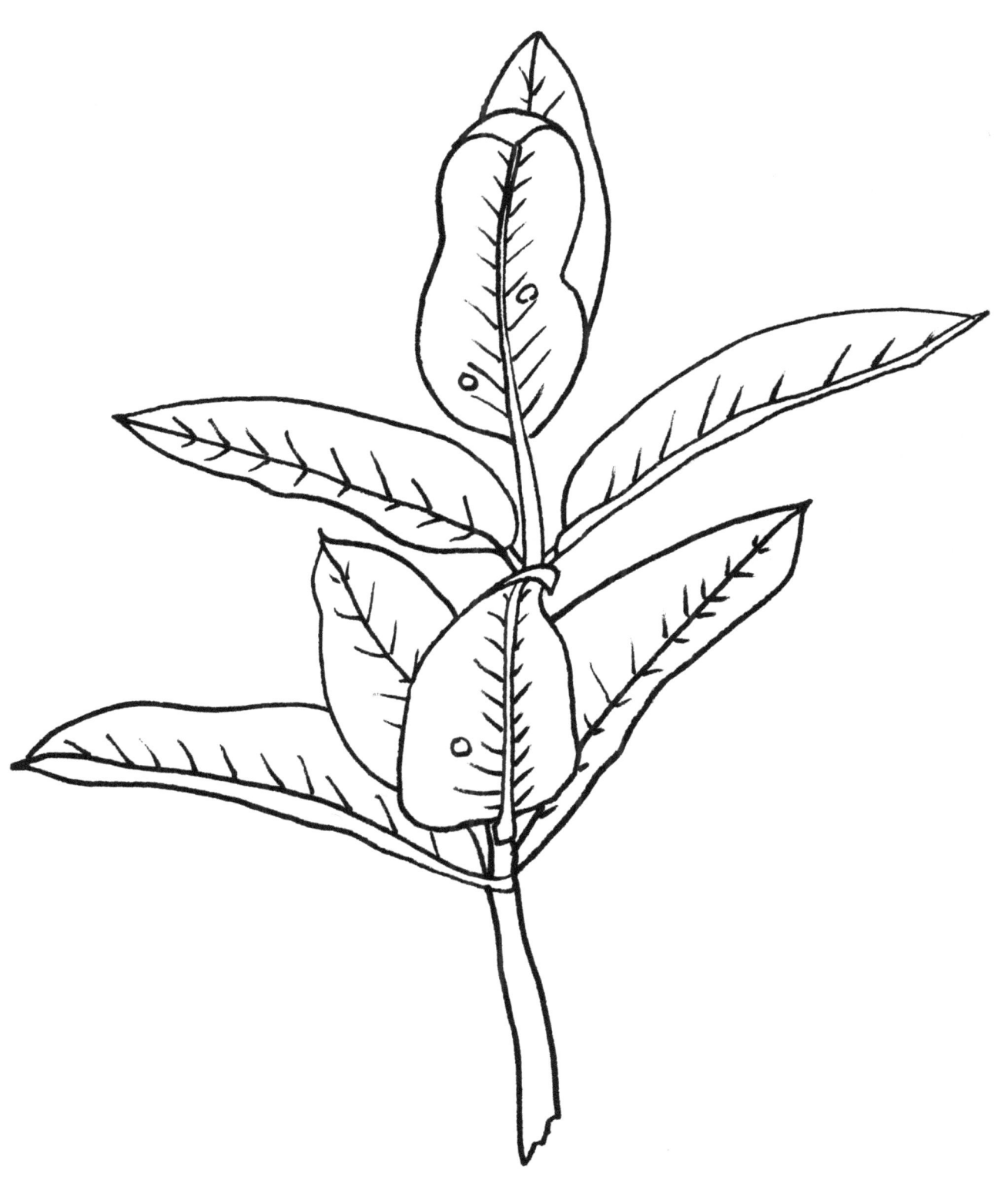

La oruga monarca sobre el algodoncillo

La oruga ha pasado por cambios desde que nació. Ha mudado su piel exterior varias veces. Cada vez que cambia su piel la oruga crece una piel nueva. Es grande la oruga, ¿verdad? Las orugas tienen bellos colores con bandas de negro, blanco y amarillo. Pueden llegar a crecer hasta dos pulgadas de largo.

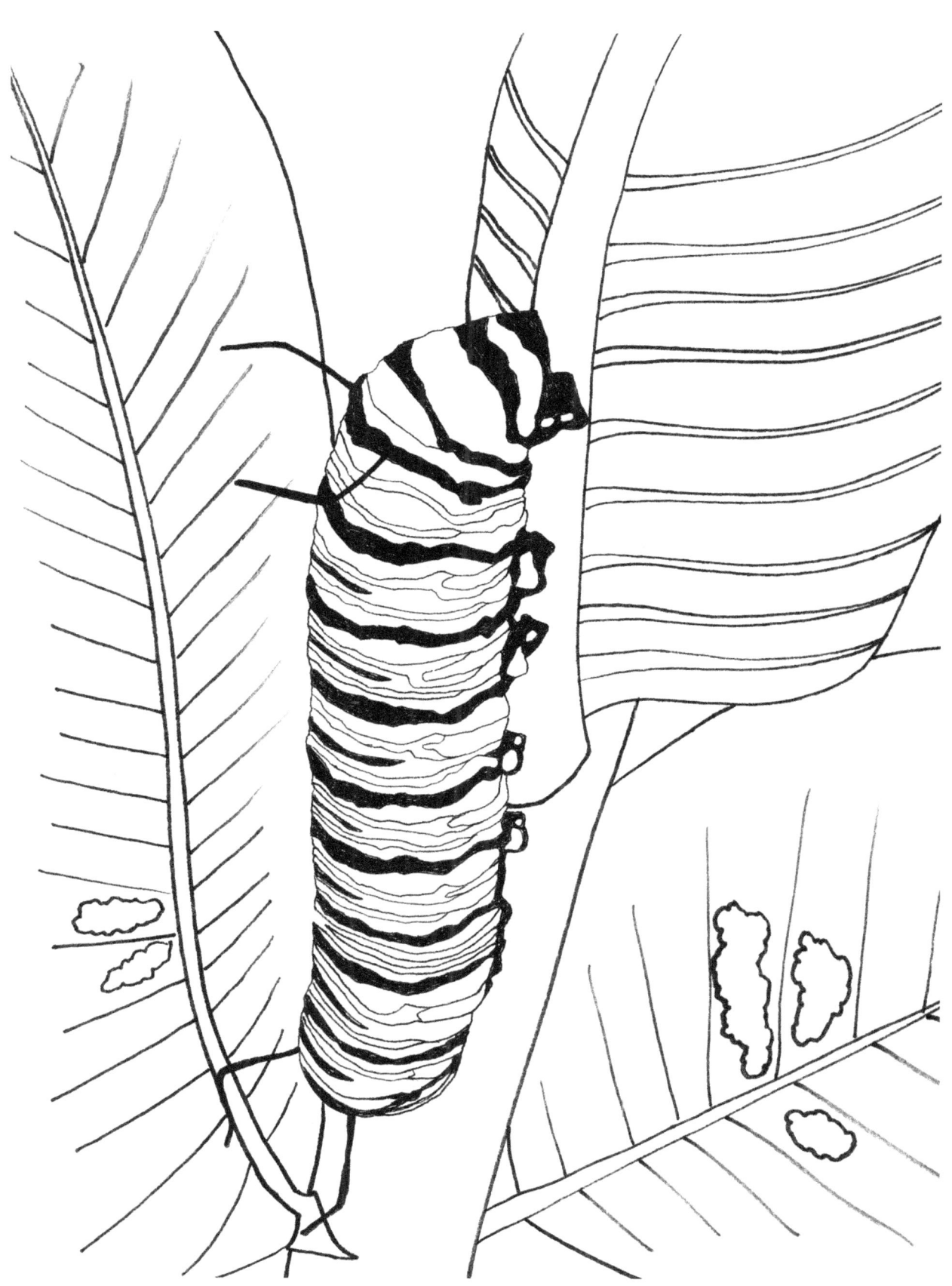

La oruga monarca
comiendo flores
de algodoncillo;
forma de J clásica

La forma de una J muestra que
la oruga está lista para convertirse
en una pupa.

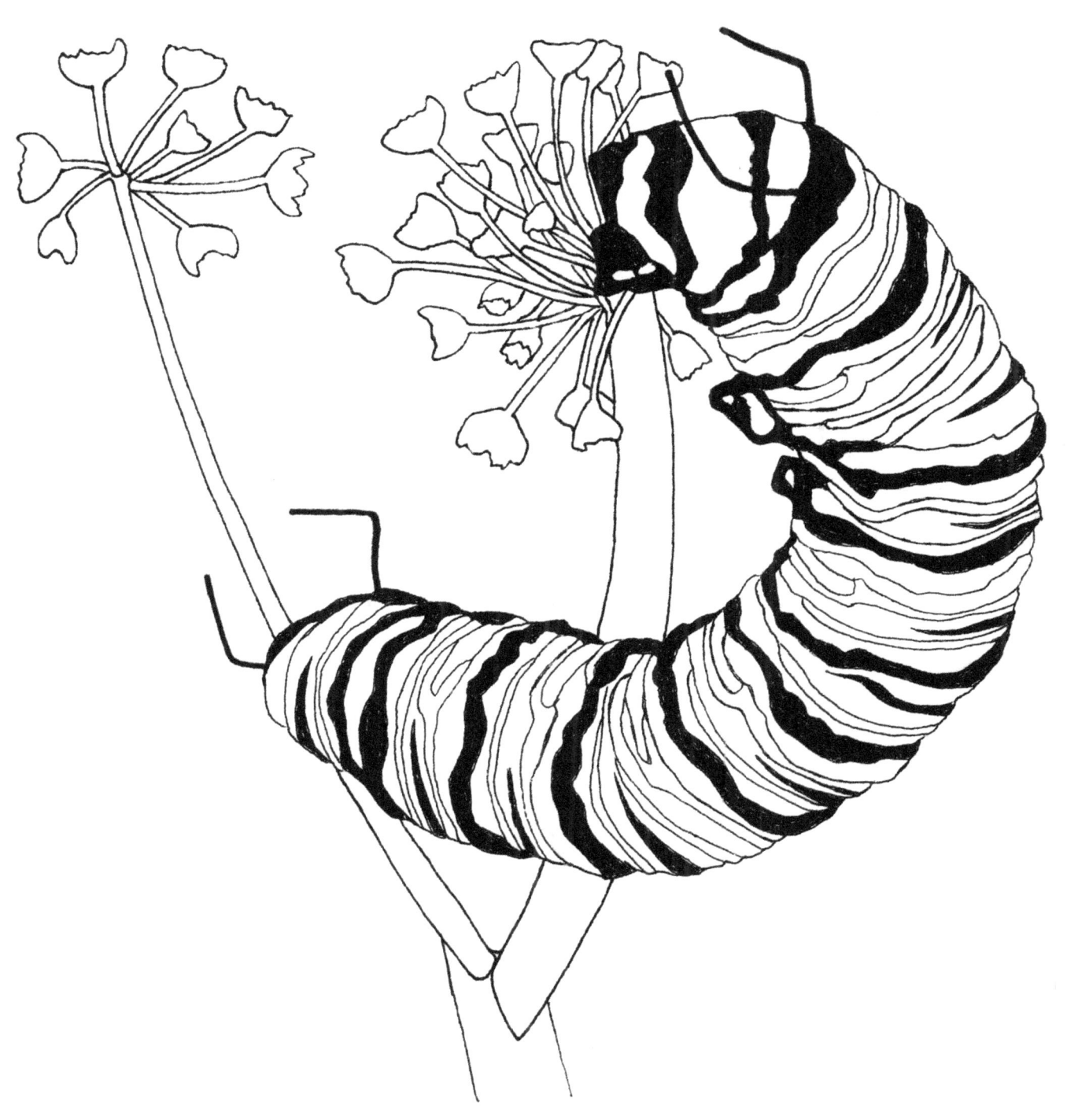

La Pupa

La pupa es un saco color verde lima con puntos dorados cerca del medio, y una franja dorada cerca de su parte superior. La oruga abre su piel por última vez y mágicamente pasa de ser una oruga a ser una mariposa. A este cambio se le conoce como metamorfosis. ¿Puedes colorear los puntos dorados y la franja dorada de la pupa?

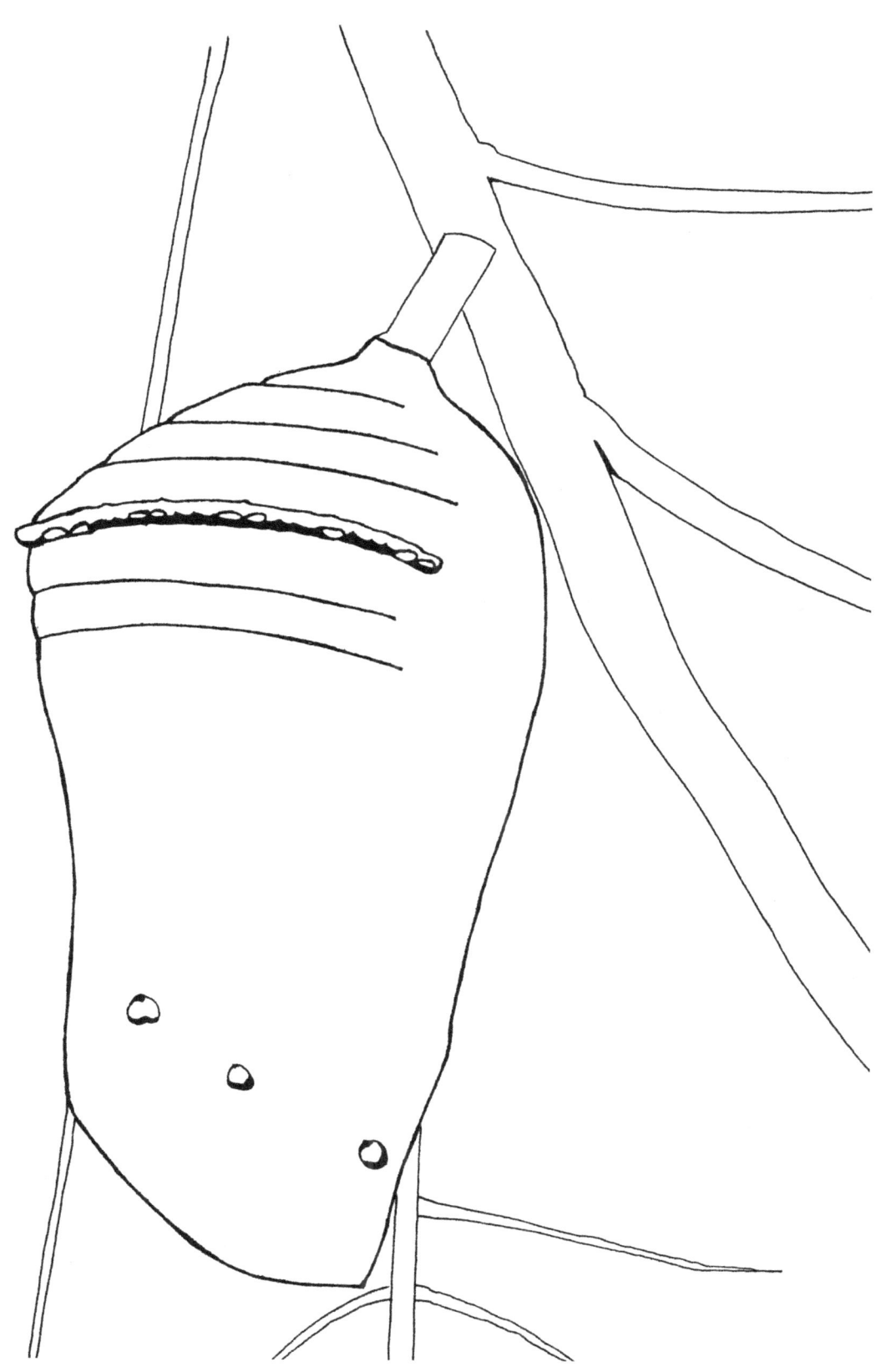

La crisálida con la mariposa monarca en su interior

Es bello poder ver las alas de la mariposa monarca dentro de la firme cubierta que se conoce como la crisálida.

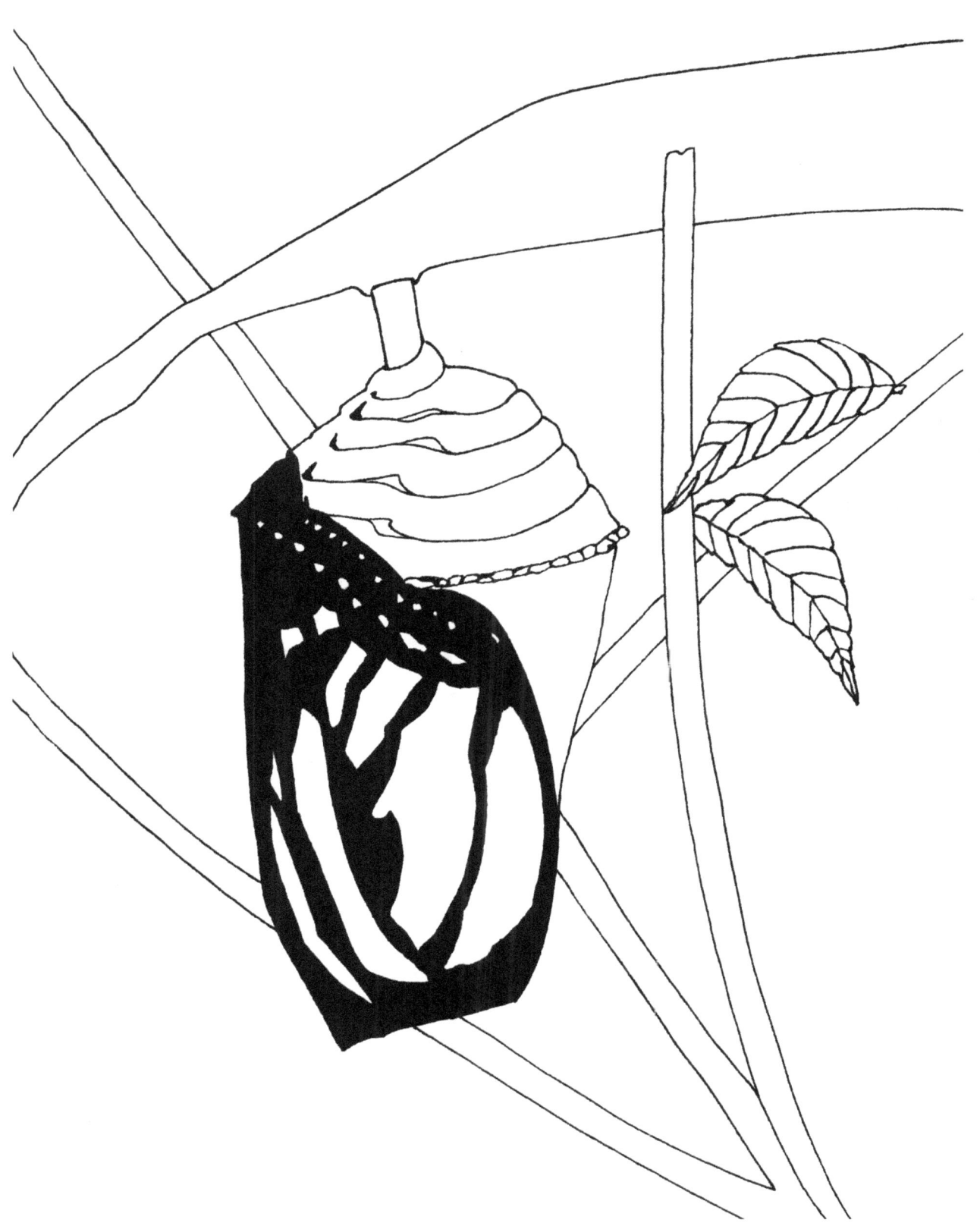

La mariposa monarca recién nacida aún está mojada

A la mariposa monarca recién nacida le toma cerca de tres horas en secar sus alas en el sol.

La mariposa monarca padre con sus alas secas, lista para volar

Una mariposa monarca padre tiene dos marcas finas oscuras en las alas posteriores. ¿Puedes verlas? Las mariposas monarcas madre no llevan esta marca en sus alas posteriores.

Las equináceas

A las mariposas monarcas les encantan las flores equináceas. Florecen por largos periodos de tiempo antes de que sus pétalos caigan al suelo.

La equinácea es una planta perenne. Las plantas perennes mueren durante el invierno y crecen de nuevo en la primavera. Las plantas perennes viven más de dos años.

El girasol y el abejón

¿Sabías que las abejas, los abejones y las mariposas son polinizadores?

Vuelan de una flor a otra flor sorbiendo el dulce néctar que es similar al azúcar líquido. Las abejas y las mariposas llevan polen de una planta a otra. Polinizan flores anualmente, silvestres, frutas y de vegetales.

Formas de hacer un jardín atractivo para las mariposas

A las mariposas les gusta sorber jugos dulces. Coloque sandias jugosas, plátanos, machacados o bayas en un contenedor llano. El dulce de las frutas a menudo atrae mariposas. A veces abejas como los abejones son atraídos por las frutas podridas. Las abejas no te picarán a menos que te acerques demasiado y se molesten. Ten cuidado con las abejas agresivas como las avispas papeleras y las chaquetas amarillas.

Hasta a las mariposas les dan sed. Coloca un envase llano con agua en tu jardín. Si colocas una piedra de buen tamaño dentro del un envase las mariposas podrán tomar agua en días cálidos. Es posible que encuentres varias mariposas padre en lugares vacíos de tu jardín si mantienes la tierra húmeda. A esto le llamamos encharcando.

A las mariposas le encantan las flores coloridas. ¿Sabías que la mariposa monarca puede ver el color rojo? Flores anuales de colores brillantes como las zinnias y los cosmos también son de sus flores favoritas. Las mariposas monarcas prefieren flores colgantes como el algodoncillo, la valeriana, malezas de juan pye y Asclepios.

Asegúrate de ofrecerle sombra a las mariposas. Es buena idea sembrar un arbusto nativo que florezca cerca de tu jardín o tal vez dentro del jardín. Si plantas tu jardín para mariposas cerca de árboles, las mariposas podrán entonces volar hacia la parte inferior de las hojas de los árboles y así cobijarse durante tormentas o cuando el tiempo se torne demasiado caluroso.

Puedes sembrar semillas de algodoncillo cuando sea, especialmente en la primavera. ¡Déjale saber a la Mujer Mariposa (Butterfly Woman) si deseas un paquete gratis de semillas de algodoncillo común para comenzar tu propio jardín de mariposas! Para solicitar un paquete de semillas de algodoncillo común favor de enviar por correo tu nombre y dirección postal a Mary Ellen Ryall, 133 Lawrence Street, # 54E, Saratoga Springs, NY 12866. También puedes enviar la solicitud por medio de correo electrónico a butterflywomanpublishing@gmail.com. Instrucciones de como cultivar algodoncillo serán incluidas con tus semillas.

Organizaciones que ayudan a la mariposa monarca at
www.happytonics.com

www.happytonics.wordpress.com

University of Minnesota, Monarchs in the Classroom
www.monarchlab.umn.edu/

Monarch Larva Monitoring Project
www.mlmp.org/

Monarch Butterfly Journey North
www.learner.org/jnorth/tm/monarch/jr/KidsJourneyNorth.html

North American Butterfly Association
www.naba.org/

Wisconsin Butterflies
www.wisconsinbutterflies.org/

Cornwall Butterfly Conservation in the UK
www.cornwall-butterfly-conservation.org.uk/index.html

Glosario

ALGODONCILLO: El algodoncillo es la única planta en la cual la mariposa monarca madre pone sus huevos y la única planta que la mariposa monarca come. El algodoncillo es una planta huésped para la mariposa monarca.

CRISALIDA: Una crisálida es la firme cubierta que cubre la pupa.

ENCHARCANDO: A las mariposas padre les gusta agruparse en áreas de suelo húmedo. Disfrutan sorbiendo minerales y vitaminas del suelo húmedo.

HUEVO: El huevo es la primera etapa en la vida de la mariposa monarca.

LARVA: Una larva es la segunda etapa de la vida de la mariposa monarca. Otro nombre para larva es oruga.

METAMORFOSIS: Metamorfosis es el cambio total de un animal a otra forma.

NECTAR: El néctar es una sustancia dulce y azucarada que las mariposas sacan de las flores. Las mariposas necesitan combustible para poder volar y el néctar es la fuente que permite que las mariposas puedan vivir y prosperar.

ORUGA: La oruga es la segunda etapa en la vida de las mariposas monarcas. Otro nombre para oruga es larva.

PLANTA ANUAL: Una planta anual es una planta que solo crece por una temporada. Algunas plantas anuales al morir dejan sus semillas en la tierra al final de su temporada. De no ser así tendrías que juntar las semillas que la planta dejó en el otoño y plantarlas en la primavera para producir la próxima planta anual. La flor de girasol nativa es un ejemplo de una planta anual.

PLANTA HUÉSPED: La planta huésped es una planta en la cual mariposa madre pone sus huevos. La planta huésped es la única planta que la oruga come.

PLANTA AUTOCTONA: Una planta que ha evolucionado naturalmente en una ubicación geográfica. Las plantas autóctonas en el libro de colorear son autóctonas de los Estados Unidos y ya estaban en los Estados Unidos antes de que llegaran los europeos. En este caso, las equináceas y los girasoles son ejemplos de plantas autóctonas.

PLANTA PERENNE: La planta perenne es una planta que vive por más de dos años. Las plantas perennes, como las equináceas mueren cada otoño y vuelven a crecer en la primavera.

POLEN: El polen es una sustancia en polvo fino, usualmente amarilla, transferida de una planta a otra, y que permite a una planta poder producir frutos, nueces o cosechas.

POLINIZADORES: Las abejas tienen unos bolsillos especiales en la parte trasera de sus patas que usan para cargar polen. Las mariposas son el segundo grupo más grande de polinizadores. También al sorber el néctar del interior de las flores cargan el polen en sus largas lenguas.

PUPA: La pupa es la tercera etapa en la vida de las mariposas monarcas. En esta etapa, la oruga o larva se convierte en una mariposa.

Sobre la autora

Mary Ellen Ryall se crio en Saratoga Springs, New York. En búsqueda de mariposas, trabajó y viajó a Sudamérica en la década de 1970. En los años de 1980, Ryall completó su maestría en Jardinería en la Universidad del Distrito de Columbia, y se involucró en los jardines de su comunidad. Mientras vivía en el sur de Maryland en los años de 1990, escribió sobre el medio ambiente y fundó Happy Tonics. Ryall se mudó a Wisconsin en el año 2000, graduándose en el 2003 de Lac Courte Oreilles Ojibwa Community College con el Proyecto de nutrición de Woodlands Wisdom. En el 2008 Ryall trasladó la organización sin fines de lucro de educación del medio ambiente y caridad pública a Shell Lake, Wisconsin desde donde encabezó la implementación del Hábitat para las Mariposas Monarcas. Para más información, contacte a Mary Ellen Ryall, 133 Lawrence Street, # 54E, Saratoga Springs, NY 12866, o por correo electrónico butterflywomanpublishing@gmail. com o llame al (518) 871-9685. Visite el Happy Tonics Hábitat para las Mariposas Monarcas en la Ruta 63 en Shell Lake, Wisconsin.

Sobre la Ilustradora

Mora C. McCusker es una de las brillantes expresionistas contemporáneas de la región central de Estados Unidos. La artista ofrece su arte en pasteles al óleo y fotografías enmarcadas o sin enmarcar. Otras obras en pasteles al óleo son partes de un cuerpo de obras a las que ella colectivamente se refiere como un diario visual de retratos. Estos presentan al observador con la oportunidad de reaccionar en distintos niveles de experiencias personales y emociones. Para más información contacte a Mora McCusker, al P.O. Box 181, Gordon, Wisconsin 54838-0181 o llame al (715) 816-0251.

Sobre el traductor

Peter Ducós nació en New York City, New York y se crio en Carolina, Puerto Rico. En 1994, comenzó a trabajar como Técnico e Instructor de maquinaria de impresos para una compañía localizada en St. Croix Falls, Wisconsin desde Puerto Rico donde tuvo la oportunidad de trabajar en Centro y Sur América. En el 2009, Peter se mudó a Shell Lake, Wisconsin donde trabajó para el Distrito Escolar de Shell Lake como tutor, asistente de maestro, instructor de español para adultos y traductor. Actualmente, trabaja para Northwest Passage en Spooner, Wisconsin como consejero y traductor de jóvenes en alto riesgos. Durante el verano sirve como director del campamento de español en Hunt Hill Audubon Sanctuary en Sarona, Wisconsin. Peter y su esposa son dueños de Professional Tutor, LLC que ofrece tutoría de español y clases en computadoras y dispositivos móviles por Internet. Para más información contacte Professional Tutor, 144 Laker Drive, Shell Lake, Wisconsin, 54871, llame al (715)761-0403 o escriba por correo electrónico peter@professionaltutorapps.com.

Sobre el traductor

Joana Dos Santos es una activista y traductora uruguaya radicada en Fitchburg, Massachusetts. Por casi 15 años Joana ha aprendido acerca de las diferentes culturas hispanohablantes que componen el continente Latinoamericano, adaptando sus traducciones para asegurar que sean cultural y lingüísticamente apropiadas para todos los que las disfrutan. Joana tiene una licenciatura de la Universidad Estatal de Fitchburg y actualmente cursa una maestría en comunicación en la misma institución. Además de su diverso trabajo como traductora en los últimos 6 años (incluyendo trabajos para escuelas, organizaciones comunitarias y negocios), Joana es la directora de un centro comunitario local. En su tiempo libre es voluntaria en diferentes organizaciones comunitarias, practica flamenco y trabaja en su huerto. Escriba por correo electrónico joana_d@cleghorncenter.org